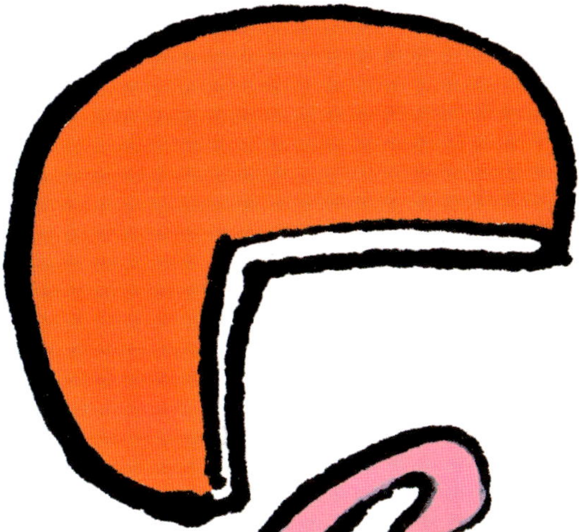

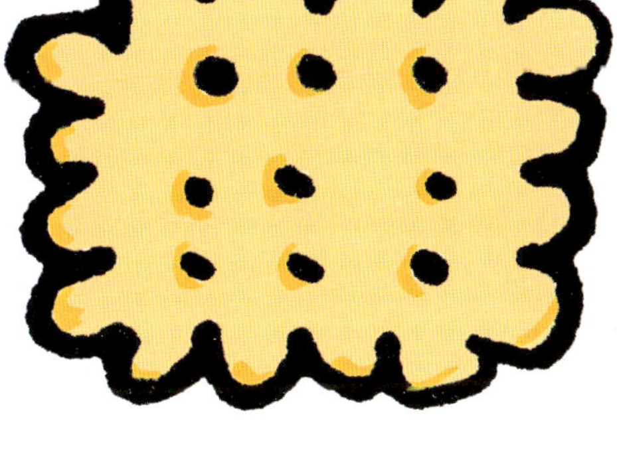

MERCI À VALENTIN

Gallimard Jeunesse/Giboulées sous la direction de Colline Faure-Poirée et Hélène Quinquin. Mise en page : Syndo Tidori
 ISBN : 978-2-07-516496-2. Premier dépôt légal : janvier 2022. Dépôt légal : novembre 2022. Numéro d'édition : 551850
Loi n° 49956 du 16 juillet 1949 sur les publications destinées à la jeunesse. Imprimé en France par Pollina - 44099B

PEFC™ 10-31-2065

Bénédicte Guettier

L'ÂNE TROTRO

CHAMPION DE SKI

GALLIMARD jeunesse GIBOULÉES

TROTRO ADORE LES
VACANCES À LA NEIGE.
SA MAMAN L'AMÈNE
AU COURS DE DÉDÉ, LE
MONITEUR DE SKI.
À TOUT À L'HEURE TROTRO !
DIT MAMAN.

REGARDE DÉDÉ, J'AI
MIS MES CHAUSSURES
TOUT SEUL ! TU M'AIDES
POUR METTRE MES SKIS ?
BIEN SÛR TROTRO ! DIT DÉDÉ.

COMMENT FAIT-ON POUR RALENTIR OU S'ARRÊTER ? DEMANDE DÉDÉ.

ON FAIT LE CHAPEAU POINTU ! CRIENT TROTRO ET SES AMIS.

TURLUTUTU ! CHANTE DÉDÉ. ♫

C'EST PARTI, DIT DÉDÉ, ON
PREND LE PETIT TÉLÉSKI !
COMME ÇA, CE N'EST PAS
FATIGANT DE MONTER !
RIT TROTRO.

HiHi!

ET POUR REDESCENDRE, ON FAIT LE PETIT TRAIN ! VOUS ME SUIVEZ, LES ENFANTS ? TCHOU, TCHOU, TCHOU ! RÉPONDENT TROTRO ET SES COPAINS.

POUF ! OH ZUT ! JE SUIS TOMBÉ DANS LA NEIGE, DIT TROTRO.

CE N'EST PAS GRAVE ! C'EST COMME ÇA QU'ON APPREND ! DIT DÉDÉ.

TROTRO SE RELÈVE TOUT SEUL.

BRAVO TROTRO ! DIT DÉDÉ.

ET POUR FINIR, UNE PETITE BOSSE, DIT LE MONITEUR.
HI HI ! C'EST TROP RIGOLO !
ENCORE ! DIT TROTRO.

HOP!
SUPER!

BRAVO MES PETITS CHAMPIONS !
DIT DÉDÉ.
ON A MÉRITÉ UNE MÉDAILLE ?
DEMANDE TROTRO.
BIENTÔT ! RIT DÉDÉ. MAIS
EN ATTENDANT, VOUS AVEZ
MÉRITÉ UN BON GOÛTER !

MiAM!